Khaled Sellami
Nouredine Ait-Ikhlef
Arezki Azzi

Modélisation de procédés logiciels à base de réseau de Petri

Khaled Sellami
Nouredine Ait-Ikhlef
Arezki Azzi

Modélisation de procédés logiciels à base de réseau de Petri

conception et réalisation d'un modèle de procédé logiciel pour le développement de logiciels de qualité

Éditions universitaires européennes

Mentions légales/ Imprint (applicable pour l'Allemagne seulement/ only for Germany)

Information bibliographique publiée par la Deutsche Nationalbibliothek: La Deutsche Nationalbibliothek inscrit cette publication à la Deutsche Nationalbibliografie; des données bibliographiques détaillées sont disponibles sur internet à l'adresse http://dnb.d-nb.de.

Photo de la couverture: www.ingimage.com

Editeur: Éditions universitaires européennes est une marque déposée de
Südwestdeutscher Verlag für Hochschulschriften GmbH & Co. KG
Dudweiler Landstr. 99, 66123 Sarrebruck, Allemagne
Téléphone +49 681 37 20 271-1, Fax +49 681 37 20 271-0
Email: info@editions-ue.com

Produit en Allemagne:
Schaltungsdienst Lange o.H.G., Berlin
Books on Demand GmbH, Norderstedt
Reha GmbH, Saarbrücken
Amazon Distribution GmbH, Leipzig
ISBN: 978-613-1-58856-3

Imprint (only for USA, GB)

Bibliographic information published by the Deutsche Nationalbibliothek: The Deutsche Nationalbibliothek lists this publication in the Deutsche Nationalbibliografie; detailed bibliographic data are available in the Internet at http://dnb.d-nb.de.

Cover image: www.ingimage.com

Publisher: Éditions universitaires européennes is an imprint of the publishing house
Südwestdeutscher Verlag für Hochschulschriften GmbH & Co. KG
Dudweiler Landstr. 99, 66123 Saarbrücken, Germany
Phone +49 681 37 20 271-1, Fax +49 681 37 20 271-0
Email: info@editions-ue.com

Printed in the U.S.A.
Printed in the U.K. by (see last page)
ISBN: 978-613-1-58856-3

Table des matières

Table des figures

CHAPITRE I : Introduction Générale

I.1. Introduction générale

L'objectif des organisations fabricants des logiciels est de produire de façon systématique et prévisible des logiciels de bonne qualité. A cet effet, le meilleur atout de ce type d'organisation reste son *savoir-faire* ; c'est-à-dire les procédés de fabrication de logiciels qu'elle met en œuvre.

Il est acquis que la qualité des procédés logiciels conditionne la qualité du produit à réaliser. Par procédé logiciel on entend l'ensemble des activités faisant intervenir des équipes de personnes (souvent nombreuses), des outils et des techniques, dans l'objectif d'assurer le développement et la maintenance des systèmes logiciels. Les activités mises en jeu sont de natures différentes (spécification du système, l'analyse et la gestion des risques, la conception, le prototypage, l'implantation, la validation, les tests, le contrôle de la qualité, la maintenance, etc.). L'enjeu des compagnies de développement de logiciels est de bien organiser les développements, de mettre en oeuvre les techniques et les outils les plus appropriés et d'adopter les bonnes pratiques. La représentation sous forme d'un modèle d'un projet informatique est une première action d'amélioration, qui consiste à spécifier les étapes du procédé de développement, préciser les intervenants, leurs missions et leurs activités.

En dépit de l'évolution des technologies de l'information et de communications, des progrès restent à faire comme le démontrent des études récentes. Sur un ensemble de projets de complexité faible, si 72% d'entre eux se terminent à peu prés dans les temps, 9% pressentent un retard supérieur à 6 mois, 1% un retard supérieur à un an et 3% est arrêté. Pour des projets plus complexes, seuls 53% d'entre eux respectent les délais, 24% pressentent un retard supérieur à 6 mois, 10% un retard supérieur à 12 mois et 7% sont annulés [1]. Ce qui rend les procédés logiciels difficiles à gérer c'est l'ampleur grandissante de leur complexité.

Les recherches autour de procédés logiciels ont abouti, d'une part, à de nombreuses études et propositions de modélisation de procédés et, d'autre part, à la définition d'environnements guidés par les procédés [2] [3]. Les modèles de procédés déterminent et intègrent l'utilisation des services de l'environnement et guident les tâches des utilisateurs.

I.2. Problématique

Actuellement les procédés logiciels mis en œuvre sont de plus en plus complexes et difficiles à gérer; la raison principale est l'évolution rapide des activités sociales et économiques pendant ces dernières décennies, et à la diffusion de la technologie de l'information dans beaucoup de domaines [4,17]. En conséquence, la conception, l'exécution et la maintenance des modèles pour ces procédés sont de plus en plus complexes. Nous nous intéressons plus particulièrement aux procédés logiciels et à leur modélisation pour faire face à la complexité des procédés.

La méthode utilisée dans la conception d'un modèle de procédé logiciel, est considérée comme son axe principal, car Les activités qui s'en suivent sont liées directement à cette étape de conception. Donc le problème de développement se résume à la difficulté d'adopter une méthode d'analyse et de conception globale qui permet de concilier les différents aspects qu'implique tout projet informatique de grand d'envergure.

Dans le domaine des procédés logiciels plusieurs méthodes ou approches ont été utilisée, pour la modélisation de ces procédés logiciels. Chacune se porte bien pour un type de problème spécifique, parmi ces méthode on peut citer : UML, les automates d'états finis, les réseaux de pétri, Etc.

Nous avons choisi les réseaux de pétris comme un outil (méthode) de modélisation, pour la conception de ce modèle de procédé logiciel. A cause de sa puissance de modélisation des systèmes à événements discrets en se basant sur un formalisme mathématique.

Les Réseaux de Pétri ont été développés pour permettre la modélisation de classes importantes de systèmes qui recouvrent des classes de systèmes de production, de systèmes automatisés, de systèmes informatiques et de systèmes de communication, pour n'en citer que quelques-uns, afin de permettre leur conception, leur évaluation et leur amélioration.

Notre travail s'intéresse plus particulièrement aux procédés logiciels et à leur modélisation, il a pour but :

- La conception d'un modèle de procédé logiciel avec les réseaux de pétri, puis la réalisation d'un outil logiciel qui supporte cette conception.

- Le développement d'une interface web permettant d'accéder aux modèles de procédés logiciel à des fins de portabilité et modification et d'amélioration (via l'outil défini dans le premier point), ainsi que de gestion et de control de projet.

I.3. Organisation du mémoire

Ce mémoire est organisé en six chapitres comme suit :

- Chapitre I : Fait un parcours général du contexte dans lequel s'inscrit notre travail.
- Chapitre II : Décrit d'une manière générale les procédés logiciels et leurs modèles.

- Chapitre III : Présente une vue d'ensemble sur les réseaux de pétri. Avec quelque outil de modélisation simulant les réseaux de pétri.

- Chapitre IV : Dans ce chapitre on décrit notre approche conceptuelle.

- Chapitre V : Décrit la mise en œuvre de notre outil graphique ainsi que de l'interface web dynamique.

- Chapitre VI : On termine notre travail avec une conclusion générale qui résume le contenu de notre mémoire.

Chapitre II : Les procédés logiciels et les environnements de génie logiciel centrés procédés.

II.1. Introduction

Bien que les fondements en matière d'automatisation remontent aux premiers langages de programmation, les technologies des procédés logiciels n'ont vraiment connu un essor que ces trente dernières années avec l'arrivée d'outils et d'environnements de génie logiciel.

C'est à la fin des années soixante qu'un phénomène précipita les choses : « La crise du logiciel. », c'est alors que de vastes programmes furent entrepris dont les objectifs étaient d'améliorer la fabrication des logiciels   que ce soit en termes de coûts, de délais, de qualité, de l'utilisation des technologies utilisées, de productivité c'est-à-dire, l'ensemble des paramètres entrant en jeu dans la chaîne de production des logiciels [5]. C'est ainsi qu'on vit apparaître le concept environnement de génie logiciel.

Peu à peu, la programmation prit de l'ampleur; à la fois par la taille des systèmes informatiques à développer mais aussi des moyens humains mis en jeu, qui étaient, au départ, limités ("programming in the small"), vers la réalisation de systèmes plus complexes ("programming in the large"), nécessitant davantage de moyens humains et technologiques ("programming in the any"). Ainsi, en réponse à la fois aux exigences de la complexification et de la quantité de logiciels à produire (besoin d'automatisation), mais également en réponse aux besoins de rationaliser la production de logiciels et d'accroître leur qualité, les premiers environnements de génie logiciel sont apparus [6]. [7] définit un environnement de génie logiciel comme étant un ensemble intégré d'outils et de mécanismes permettant de supporter toutes les phases de développement du logiciel (analyse, conception, écriture de code, test, etc.).

Des travaux se sont donc intéressés à définir, modéliser le logiciel et les étapes conduisant à sa fabrication, tant les facettes sont nombreuses (activités humaines, outils, automatisation, coopération, évolution, gestion des ressources et des produits, etc.). Parmi ces travaux sur les procédés logiciels, on trouve les modèles de cycle de vie du logiciel, les environnements intégrés de génie logiciel et les environnements centrés procédés logiciels.

II.2. Les procédés logiciels

Un procédé logiciel est La manière dont le développement de logiciel est organisé, contrôlé, mesuré, supporté et amélioré (indépendamment du type de support technologique utilisé dans le développement). Toutes les organisations développant du logiciel suivent un procédé, qu'il soit implicite ou explicite, reproductible, instrumenté, adaptable ou autre.

Un procédé implique des personnes, des technologies, plus généralement un ensemble d'artefacts. Tout naturellement, un procédé logiciel définit un ensemble d'artefacts propres au domaine du génie logiciel. On parlera d'activités, d'étapes, de tâches, d'acteurs, de participants, d'outils, etc. dont la sémantique est propre au domaine.

II.2.1. Les modèles de cycle de vie

Ce sont les premiers travaux visant à caractériser le procédé logiciel, c'est-à-dire à décrire l'enchaînement des étapes de la conception à la maintenance d'un produit logiciel : son cycle de vie. Les modèles de cycle de vie les plus connus sont ceux dits "en cascade" et "en spirale". Ces modèles ont permis de mieux comprendre le procédé logiciel par la description des activités abstraites et de leurs ordonnancements. Cependant ces modèles ne tiennent pas compte de l'activation, de l'échec ou au contraire du succès des activités et, en général, de la synchronisation des activités entre elles, pas plus qu'ils ne s'intéressent aux artefacts manipulés par ces activités (les ressources, l'organisation, etc.)

Toute autre information nécessaire à la compréhension du procédé qui ne peut être décrite par ces modèles fait généralement l'objet d'une description informelle à l'intérieur d'un document accompagnant le modèle.

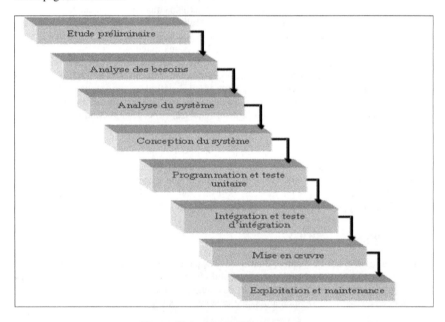

Figure II .1 : Le modèle en cascade

II.2.2. Les environnements intégrés de génie logiciel

Pour remédier aux limitations des modèles de cycle de vie, plusieurs travaux visant à offrir un meilleur support au développement de logiciels, Ces travaux ont été Orientés vers le développement d'une nouvelle génération d'outils qui s'approche plus des Activités des programmeurs, il s'agit des environnements intégrés de génie logiciels. Cette notion se réfère à des collections intégrées destinées à assister la production du logiciel.

Cependant et malgré le succès de ce genre d'environnements, la dimension procédé n'est pas réellement abordée dans le sens où ni la définition, ni l'enchaînement des activités ne sont proposées (la façon dont le produit logiciel est fabriqué n'est pas explicité). A titre d'exemple les environnements : Netbeans, Delphi, Visuel basic, etc.

II.2.3. Les environnements de génie logiciel centrés procédés

Pour remédier aux limitations des environnements intégrés de génie logiciel, les travaux postérieurs ont été orientés vers le développement d'une deuxième génération d'environnements, connus sous le vocable environnements de génie logiciel centré procédé **(EGLCP),** Cette nouvelle génération d'environnements a fait l'objet de nombreux travaux de recherche.

Un environnement centré procédé est un système dans lequel la manière dont le logiciel est fabriqué (doit être fabriqué) est définie de façon explicite et avec suffisamment de détails. Cette description, appelée le *modèle de procédé,* est exprimée dans un formalisme approprié appelé *langage de modélisation de procédé,* Le langage offre des concepts pour décrire les rôles, les humains, les activités, les produits manipulés, les contraintes, etc.

Le modèle du procédé étant au coeur de l'environnement, ce dernier se charge de son interprétation afin de guider les utilisateurs, les assister et automatiser des tâches La nouveauté par rapport à la génération précédente est que l'assistance devient globale à l'ensemble du procédé de développement (et non seulement à la phase de programmation) et explicite, au travers de modèles interprétés par l'environnement. Alors que dans les environnements classiques, la connaissance sur les buts et les stratégies du développement n'existe que dans la tête des développeurs, elle est ici partagée entre les utilisateurs et l'environnement.

II.3. Les éléments du modèle de procédés logiciels

Les éléments du modèle de procédés logiciels se décomposent en éléments basiques et éléments secondaires. Les éléments basiques sont les suivants :

● **Activité :**
Une activité est une tâche pendant laquelle des opérations sur le logiciel à développer sont accomplies. Elle est souvent associée à une ou des personnes responsables de cette activité, et à des outils de production.
Une activité peut être décomposée en d'autres activités, formant ainsi plusieurs niveaux d'abstraction. L'activité peut être concurrente et coopérative, déterministe ou non déterministe.

● **Produit :**
Un produit est souvent un artefact (persistant et versioné), pouvant être simple ou composite, formant les données d'entrée et de sortie des activités. Les produits peuvent être des parties du logiciel à développer, et des documents associés (documents de conception, documentation de l'utilisateur, données de test).

• **Rôle :**
Un rôle décrit les droits et les responsabilités d'un humain. Un humain joue un rôle dans une activité (ou plusieurs rôles dans des activités différentes).

• **Humain :**
Les humains sont des agents (ou des développeurs) du modèle de procédé logiciel, que l'on peut organiser dans des groupes. Un rôle est attribué aux humains ayant les compétences et les responsabilités nécessaires pour jouer ce rôle. Un humain peu avoir plusieurs rôles, il peut également être membre de plusieurs groupes (ces groupes peuvent aussi être imbriqués).

• **Outil :**
Les outils sont des systèmes qui assistent la production de logiciel. Il existe deux sortes d'outils : les outils interactifs (éditeurs textuels, outils graphiques ...), et les outils simplement exécutables sans interaction (compilateurs, analyseur grammatical...).

• **Support d'évolution (Directions) :**
Le support d'évolution aide à gérer l'évolution du procédé logiciel (sa modification), à travers les Directions (politiques, règles, et procédures). L'évolution du procédé logiciel est un besoin essentiel, à cause de sa nature orientée humain. Une façon de supporter l'évolution est d'utiliser un méta modèle de procédé offrant une assistance du point de vue conceptuel, pour les changements statiques ou dynamiques du modèle de procédé. Une assistance technique serait également importante pour supporter l'évolution.

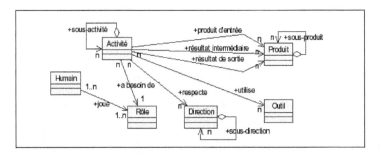

Figure II.2 : Les éléments basiques de modèle de procédé logiciel

Les éléments secondaires sont :
Projet/organisation, Espace de travail, vue utilisateur, Modèle de coopération, Modèle de versionnement / transaction, et Modèle de qualité/performance.

II.4. Le modèle du procédé

Un modèle des procédés de fabrication de logiciel, est une abstraction de l'ensemble des activités de fabrication d'un logiciel, décrit de manière formelle, ou semi formelle.

Un modèle de procédé comprend [8] :

• La description des ressources (outils, acteurs, etc.) que requiert le procédé ;

• Les activités et les tâches pour lesquelles le procédé est défini et structuré;

• L'enchaînement (ou ordonnancement) de ces activités ou tâches ;

• Les informations nécessaires à la définition du procédé
Le modèle de procédé fixe les fondements nécessaires à la coopération et à la communication entre les différentes entités participant au procédé. Plusieurs sous modèles ont été identifiés [9].

Un modèle d'activité : exprimant les activités simples et complexes (agrégation d'activités simples) décrit à l'aide d'un formalisme particulier ;

Un modèle de produit : exprimant les données qui sont manipulées par les activités ;

Un modèle d'outils : pour décrire les outils utilisés dans le cadre du procédé et leurs architectures. Cela peut être réalisé également par le modèle d'activités, en considérant l'outil comme l'enveloppe d'une activité ;

Un modèle organisationnel : qui décrit la structure et contrôle les activités ainsi que leurs ressources ;

Un modèle utilisateur : exprimant la manière dont les différents acteurs tirent parti de l'assistance fournie au travers du support technologique du procédé, leurs responsabilités dans le contexte du procédé, etc.

II.4.1. Les différents formalismes

Les formalismes proposés par les environnements centrés procédés sont basés sur différentes approches. La plupart d'entre eux ont été inspirés des langages et formalismes existants (langages de programmation classiques, réseaux de Pétri, etc.). Il existe plusieurs tentatives de classification des systèmes du point de vue des formalismes. On peut distinguer les classes suivantes : l'approche procédurale, l'approche déclarative, l'approche basée sur les réseaux de Pétri, l'approche fonctionnelle et l'approche multi paradigmes.

II.4.1.1. L'approche procédurale

L'approche procédurale a été proposée par Osterweil [10]. Elle décrit le procédé sous forme d'un programme. Pour cela, elle fait appel à des langages de programmation traditionnels étendus par des concepts spécifiques aux procédés logiciels (activités, produits, ressources, etc.). Parmi les systèmes représentatifs de cette approche, on peut citer APPL/A basé sur le langage Ada, Process Wise, basé sur la théorie des rôles/interactions.

II.4.1.2. L'approche déclarative

Cette approche consiste à décrire le procédé à travers des règles pré- condition /action /post-condition La pré- condition décrit une contrainte nécessaire sur l'exécution des actions. La post-condition représente l'effet de l'action. Parmi les systèmes basés sur cette approche on peut citer Marvel et Merlin.

II.4.1.3. L'approche basée sur les réseaux de pétri

Cette approche décrit le procédé logiciel à travers un réseau de Pétri. Les concepts de base de ce dernier sont les transitions, les places et les jetons. Les transitions sont utilisées pour représenter les activités à conduire. Les places décrivent les pré et post conditions associées aux activités. La présence d'un jeton dans une place signifie que la condition est vérifiée. Les jetons sont utilisés également pour décrire les produits et les ressources manipulés par les activités. Parmi les systèmes basés sur les réseaux de Pétri on peut citer SPADE et Leu.

II.4.1.4. L'approche fonctionnelle

L'approche fonctionnelle définit le procédé logiciel à travers un ensemble de fonctions mathématiques. Chaque fonction est décrite en termes de relations entre les données d'entrée et les données de sortie. Les fonctions peuvent être décomposées hiérarchiquement en sous fonctions, jusqu'à atteindre des fonctions qui correspondent à des étapes élémentaires. Ces dernières peuvent ensuite être associées à des outils externes ou bien exécutées manuellement. Parmi les systèmes utilisant cette approche, nous citons HFSP et PDL (Process Description Language).

II.4.1.5. L'approche multi paradigme

La modélisation multi paradigme se base sur la constatation que le procédé logiciel est particulièrement complexe à décrire et que l'utilisation d'un langage basé sur un seul paradigme ne répond pas aux besoins. Dans cette approche, on essaie de combiner plusieurs paradigmes, et on ne peut donc parler de paradigme de base pour ce type de modélisation.

II.4.2. Formalisation des procédés

On distingue trois phases principales dans le cycle de vie d'un procédé logiciel [11] :

• La phase de spécification des besoins qui consiste à identifier et/ou documenter les besoins du procédé. On pourra, par exemple, définir la performance attendue, les objectifs, etc. ;

• La phase de conception, de modélisation qui doit définir le procédé pour répondre aux besoins exprimés lors de la phase précédente ;

• La phase d'implantation du procédé tel qu'il a été défini.

Afin de répondre aux objectifs du procédé et de chacune de ces trois phases et ainsi, de couvrir le cycle de vie, trois catégories de langages ont été proposés [12] :

❖ Un langage de spécification répondant aux besoins de la phase de spécification, dont les concepts doivent avoir pour but de décrire l'organisation, les objectifs généraux, etc. ;

❖ Un langage de modélisation pour modéliser le procédé : c'est ce langage qui devra couvrir, pour l'essentiel, les concepts de base du procédé logiciel ;

• Un langage d'implantation dont l'objectif sera de décrire la façon dont doit être exécuté le procédé.
Un formalisme de modélisation doit satisfaire les besoins suivants [13] :
• Il doit être exécutable,

• Il doit permettre de décrire et de supporter l'ensemble du cycle de vie du procédé ainsi que tous ses niveaux d'abstraction,

• Il doit prendre en compte la description dynamique de l'ordonnancement des activités du procédé,

• Il doit permettre de supporter et de modéliser l'évolution des procédés et de leurs modèles,

• Il doit permettre de modéliser et de gérer l'incertitude et l'incomplétude de certaines informations,

• Il doit permettre d'exprimer et de supporter la communication, la coordination, la négociation et la coopération entre les divers intervenants dans le procédé.

II.4.3. Les différents domaines du procédé logiciel

Les procédés ont ainsi pu, grâce aux EGLCP, bénéficier de supports pour ce qui concerne leur modélisation, et leur exécution. Même si ces environnements proposent des approches différentes, l'objectif demeure identique à savoir supporter des procédés logiciels. Le procédé logiciel est structuré en trois domaines distincts (voir **Figure II.3**) : le domaine de définition de modèles de procédé, le domaine d'exécution de modèles de procédés et le domaine de la mise en œuvre du procédé. Cette distinction permet de mieux comprendre le procédé logiciel.

II.4.3.1. Le domaine de la définition : contient des descriptions de procédé ou fragments de procédé exprimés dans une certaine notation définissant ce qui pourrait ou bien devrait être mis en œuvre. Une telle description du procédé est appelée modèle du procédé.

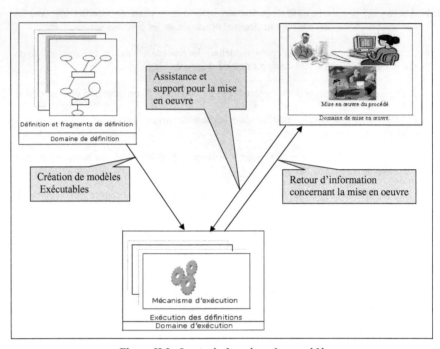

Figure II.3 : Les trois domaines du procédé.

Dans le cas des EGLCP cette notation est "exécutable", c'est-à-dire elle peut être interprétée par un mécanisme d'exécution.

II.4.3.2. Le domaine de la mise en œuvre : englobe les activités effectives ainsi que les actions prises en charge par tous les participants, concernant aussi bien les activités de développement que celles de gestion du procédé.
Une partie de ces activités seront conduites utilisant des outils logiciels, d'autres seront complètement en dehors du support, comme par exemple des interactions entre les participants au procédé.

II.4.3.3. Le domaine d'exécution : est concerné par ce qui se passe dans un EGLCP pour supporter le procédé mis en œuvre, admettant que ce dernier est gouverné par la définition qui a été donnée ; il interprète le modèle du procédé à partir d'une représentation exécutable et englobe les mécanismes et les ressources nécessaires de l'environnement pour supporter les domaines de définition et de mise en œuvre.

Le *mécanisme d'exécution* utilise les définitions afin de déterminer ses interactions avec les participants impliqués dans la mise en œuvre ainsi qu'avec d'autres composants de l'environnement, le but final étant d'assurer l'aide, le guidage ou bien le contrôle de la mise en œuvre en vue d'assurer sa cohérence avec la définition du procédé qui a été donnée.

En d'autres termes, tandis que le procédé est mis en œuvre dans le monde réel (domaine de la mise en œuvre), il est exécuté par la machine dans le monde abstrait du modèle de procédé (domaine de l'exécution).

II.4.4. Exemple d'environnements de génie logiciel centrés procédés

II.4.4.1. leu :

Leu Est un environnement basé sur les réseaux Funsoft [14]. Le processus peut être exécuté par plusieurs moteurs de processus. Dans ce cas, chacun des moteurs va exécuter des fragments de modèles (ou bien sous- modèles). En ce sens, le processus est donc lui-même distribué sur plusieurs moteurs de processus formant ainsi un environnement global.

LEU est un environnement homogène dans le sens où l'ensemble des moteurs partagent les concepts et le formalisme décrivant les procédés. Il est possible d'ajouter des moteurs de procédés à l'environnement qui va pouvoir exécuter des modèles (ou fragments de modèles).

II.4.4.2. Provence

Provence [15] est un EGLCP reposant sur une approche client/serveur selon laquelle les clients peuvent s'abonner aux évènements qui sont produits durant l'exécution du procédé. Le but de cet environnement est de reposer sur des outils existants. Il peut être vu, dans une certaine mesure, comme une généralisation de Marvel en termes d'interopérabilité et d'intégration d'outils. Cette dernière est assurée par un composant de l'architecture: le gestionnaire de mise en œuvre et son rôle consiste à faire inter opérer les outils logiciels participants à l'environnement.

Provence a été implémentée avec les composants suivants :

• Marvel [16] qui gère la cohérence, la disponibilité des objets manipulés au sein de l'environnement, gère la coordination et la coopération entre les différents acteurs (personnes au sein du même processus logiciel) et permet la définition du modèle de processus en termes de règles ;

• Yeast assure la liaison avec les clients et déclenche les actions correspondantes aux requêtes des utilisateurs ;

• 3D File System fournit un mécanisme permettant aux utilisateurs de créer des vues dynamiques du logiciel et d'effectuer des changements relatifs à cette vue sans affecter la base du logiciel ;

• Doty, éditeur graphique, qui permet de créer et de manipuler les graphes de façon interactive en utilisant le multifenêtrage. L'interprétation des graphes se fait par Doty et le langage qui lui est associé.

L'architecture proposée s'appuie sur les possibilités intrinsèques de Marvel, Yeast, Doty, 3D File System. Le remplacement de ces outils par d'autres devrait se faire qu'à la condition que les nouveaux outils disposent des mêmes fonctionnalités et répondent aux mêmes caractéristiques d'implémentation que ceux utilisés. Ces contraintes n'étant pas décrites dans l'environnement (aucune description des contraintes et des caractéristiques des composants), le respect de ces derniers restes au bon vouloir du concepteur de l'environnement. On peut également noter que l'environnement, tel qu'il a été conçu, ne peut pas fonctionner si l'un ou l'autre des outils est absent.

II.5. Conclusion
.

Comme nous l'avons vu dans la première partie de ce chapitre, le domaine des procédés logiciels est vaste et les procédés logiciels sont intrinsèquement complexes. De nombreuses recherches poursuivent leurs efforts pour caractériser, et pour mieux cerner les procédés : des approches ont été proposées pour les modéliser, La modélisation de procédés de fabrication de logiciels est une discipline en plein essor. La problématique autour de ce sujet est vaste et complexe

La technologie des procédés logiciels permet de décrire les différentes phases de la production d'un logiciel. Divers langages basés sur des approches différentes ont été développés dans ce cadre. Et parmi les formalismes de modélisation de ces procédés on trouve les réseaux de pétri, qui seront traités dans le prochain chapitre.

CHAPITRE III : Les réseaux de pétri

III.1. Introduction

Les réseaux de Pétri ont été inventés par Carl Maria Pétri au début des années soixante. Des travaux ultérieurs ont permis de développer les Réseaux de Pétri, comme un outil de modélisation des systèmes dynamiques à événements discrets, et comme un outil de description des relations existantes entre des conditions et des événements d'un système. Le modèle des réseaux de Pétri est bien adapté à la représentation des synchronisations.

Un caractère très intéressant est que les modèles Réseaux de Pétri sont sous la forme d'une représentation mathématique graphique. Ce point est important car le fait d'écrire sous forme graphique un modèle plutôt que sous forme d'équations peut permettre de le rendre lisible par des personnes dont la formation scientifique n'est pas forcement poussé.

III.2. Définition

Un réseau de pétri est un quadruplet c= (P, T, Pre, Post) qui comporte un ensemble de N places $p_i \in P$, et un ensemble de L transitions $t_i \in T$, la structure d'un réseau de pétri est décrite par deux matrices Pre et Post de dimension L x N, qui définissent respectivement les entrées dans les transitions à partir des places et les sorties des transitions en direction des places. Chaque ligne des matrices Pre et Post correspond à une des transitions et chaque colonne correspond à une place. Les principaux éléments de ces deux matrices sont des entiers positifs qui indiquent les poids de la liaison entre la place et la transition qui leurs correspondent, l'absence de liaison étant caractérisée par un poids nul.

On peut représenter un réseau de pétri par un graphe de pétri qui comporte deux types de nœuds, les places et les transitions qui sont symbolisées respectivement par un cercle et par un trait. Les arcs des graphes ne peuvent relier que deux nœuds de type différents, c'est-à-dire une place à une transition ou l'inverse.

- Une place est représentée par un cercle :

- Une transition est représentée par un trait :

- Un arc relié soit une place à une transition :

- Soit une transition a une place :

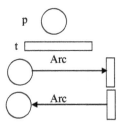

C= (P, T, I, O);
P= {p₁, p₂, p₃, p₄, p₅};
T= {t₁, t₂};

I=

P1	P2	P3	P4	P5	
1	1	2	0	0	T1
0	0	0	0	1	T2

O=

P1	P2	P3	P4	P5	
0	0	0	1	2	T1
0	0	1	0	0	T2

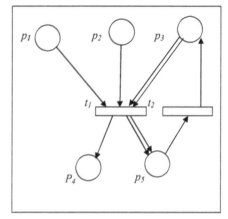

Figue III.1 : Réseau de pétri sans marquage

III.3. Marquage

Le réseau de pétri tel qu'il a été ainsi défini, permet la représentation statique d'un système. Pour modéliser l'évolution du système au cours du temps, on est amené a compléter le réseau de pétri par un marquage M qui consiste à disposer d'un nombre de jetons m (pᵢ) dans chaque place du réseau. Dans ces conditions on obtient un réseau de pétri marqué qui peut être considéré comme le quintuple c= (P, T, Pre, Post, M), avec P, T, Pre, Post définis comme précédemment, et avec M = | m (p₁), m (p₂), …, m (p ₙ) |.
M (pᵢ) est un entier positif ou nul qui représente le nombre de jetons dans la place pᵢ. L'état initial d'un réseau de pétri RdP est défini par un marquage initial M₀ des N places. Sur le graphe de pétri correspondant à un réseau marqué, les jetons sont repérés par des points disposés dans les places en nombre égal au marquage de la place, comme l'indique la **Figure III.2** pour le marquage M₀[2, 1, 3,0,1].

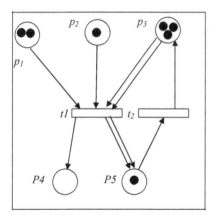

$$M_0 = \begin{bmatrix} 2 \\ 1 \\ 3 \\ 0 \\ 1 \end{bmatrix}$$

Figure III.2 : Exemple de réseau de pétri marqué

III.3.1. Franchissement d'une transition

L'évolution du RdP est définie par le déplacement des jetons à partir de l'état initial. Les jetons qui matérialisent l'état du réseau à un instant donné peuvent en effet passer d'une place à une autre par franchissement, ou tir d'une transition. Les règles d'évolution sont les suivantes :

1. Une transition est franchissable ou sensibilisée, lorsque chacune des places qui précédent la transition possède un nombre de jetons égal au poids de l'arc qui la relie a la transition.

2. Un réseau ne peut évoluer que par franchissement d'une seule transition a la fois, celle-ci étant choisie au hasard parmi toutes celles qui sont sensibilisées a cet instant.

3. Le franchissement d'une transition est un phénomène instantané, qui se traduit par des opérations indivisibles suivantes :

   - On enlève de chaque place qui précède la transition un nombre de jetons égal au poids de l'arc qui l'a relie ;
   - On ajoute à chaque place qui suit la transition un nombre de jetons égal au poids de l'arc correspondant ;

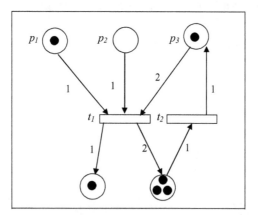

Figure III.3 : Etat du RdP après le tir de la transition t_1

➤ Une transition franchissable n'est pas forcément immédiatement franchie.

➤ Une transition sans place d'entrée est toujours franchissable : c'est une transition source. Et leur franchissement consiste à rajoute un jeton à chacune de ces places de sortie.

➤ Une transition sans place de sortie est une transition puits. Et leurs franchissement consiste à retire un jeton de chacune de ses places d'entrée.

III.3.2. Séquences de franchissement

Une séquence de franchissements S est une suite t_i, $t_j...t_k$ qui peuvent être franchies successivement à partir d'un marquage donné. Une seule transition peut être franchie à la fois.

On note : M_i [S > M_j à partir du marquage M_i, le franchissement de la séquence S aboutit au marquage M_j.

III.3.3. Marquages accessibles

L'ensemble des marquages accessibles est l'ensemble des marquages M_i qui peuvent être atteint par le franchissement d'une séquence à partir du marquage initial M_0.
On le note *M_0.

$$*M_{j=} \{M_i \text{ tel que } M_i [S \rightarrow M_j]\}$$

III.3.4. Graphe de marquage

Graphe de marquage est une suite de vecteur de marquage ordonné, selon le l'ordre de franchissement des transitions. On utilise le graphe de marquage quand le nombre de marquages accessibles est fini.

III.4. Les différents réseaux de pétri

III.4.1. Réseaux de pétri colorés :
Un réseau de pétri coloré associé à un marquage initiale est un sextuplet donné par :
N_c=<P, T, C, C_{sec}, W, M_0> où :

- P : est un ensemble fini de places non vide ;
- T : est un ensemble fini de transitions non vide ;
- Tel que $P \cap T = \Phi$;
- C = $\{c_1,..., c_r\}$: est un ensemble fini de couleurs non vide ;
- C_{sec}=P $\cup$ T $\longrightarrow$ ρ (C) : est la fonction sous-ensemble de couleurs qui à chaque place et à Chaque transition associe un sous ensemble de c ;
- W est la fonction d'incidence (équivalent à C= Post-Pre), chaque élément W (p, t) de W est lui-même une fonction : W (p, t) : $C_{sec}(t)*C_{sec}(p)$ $\longrightarrow$;
- M_0 est le marquage initial, pour chaque place et pour chaque couleur possible dans cette place, il associe un nombre de jetons : $M_0 (p) : C_{sec}(p) \longrightarrow N$ où N est l'ensemble des entiers naturels.

III.4.2. Réseaux de pétri prédicat transition

Un réseau de pétri Prédicats transitions initialement marqué est un triplet :
$N_{pt} = <R, A_n, M_0>$ où :
R : est un réseau de pétri ordinaire $<P, T, C>$, C=Post-Pre,
A_n : $A_n = <C_{onst}, V, A_{tc}, A_{ta}, A_c>$:
C_{onst} : est un ensemble de constantes (l'ensemble N par exemple),
V : est un ensemble de variables formelles qui seront substituées par des constantes de C_{onst} lors des franchissements de transitions,
A_{tc} : est une application :
A_{tc} : $T \longrightarrow L_a (C_{onst}, V)$
Associant à chaque transition une action sous la forme d'un prédicat utilisant à la fois des constantes et des variables formelles, A_{ta}.

III.4.3. Réseaux de pétri à objet

Un réseau de pétri à Objet est défini par le neuftuple :
$N_0 = <P, T, C_{lass}, V, Pre, Post, A_{tc}, A_{ta}, M_0>$ ou:
- P est un ensemble fin de place ;
- T est ensemble fini de transitions ;
- C_{lass} est un ensemble fini de classes d'objets, éventuellement organisé en une hiérarchie et définissant pour chaque classe un ensemble d'attributs ;
- V est un ensemble de variables typées par C_{lass} ;
- Pre est la fonction place précédente qui à chaque arc d'entrée d'une transition fait correspondre une somme formelle de n-uplets d'éléments de v ;
- Post est la fonction place suivante qui à chaque arc de sortie d'une transition fait correspondre une somme formelle de n-uplets d'éléments de V ;
- A_{tc} est une application qu a chaque transition associe une condition faisant intervenir les variables formelles associées aux arcs d'entrée et les attributs des classes correspondantes ;
- A_{ta} est une application qui à chaque transition associe une action faisant intervenir les variables associées aux arcs d'entrée et les attributs des classes correspondantes, M_0 est le marquage initial qui associe à chaque place une somme formelle de n-uplets d'instances d'objets (les objets doivent être représentés par des identificateurs, leur nom par exemple).

III.4.4. Réseaux de pétri temporisés

Un réseau de pétri temporisé est une paire $N1 = <N, \Phi>$ avec :
N : est une réseau de pétri $<P, T, Pre, Post>$ avec un marquage initial M_0
Φ : est la fonction durée de franchissement ;
Φ : $T \longrightarrow Q^+$;
Qui a chaque transition fait correspondre un nombre rationnel positif décrivant la durée du franchissement.

III.4.5. Réseaux de pétri temporel

Un réseau de pétri temporel est une paire $N_n = <N, I>$ où :
N : est un réseau de pétri $<P, T, Pre, Post>$ muni d'un marquage initial M_0.
I : est une fonction qui à chaque transition t fait correspondre un intervalle fermé rationnel.

I (t)= [$\Phi_{s\,min}$ (t), $\Phi_{s\,max}$ (t)], qui décrit une durée de sensibilisation.

III.4.6. Réseaux de pétri stochastiques

Un réseau de pétri stochastique est une paire N_{ts} =<N, β >.
* N est un réseau de pétri avec un marquage initial ;
* β est une fonction qui à chaque transition t associer un taux de transition $\lambda_t = \beta(t)$; cela revient à associer à chaque transition un intervalle de sensibilisation continu [0,∞] avec une distribution exponentielle. Ceci explique que l'ensemble des marquages accessibles est le même que celui du réseau sous-jacent.

III.5. Structures particulières des réseaux de pétri

III.5.1. Un RdP autonome et non autonome

Un RdP autonome décrit le fonctionnement d'un système dont les instants de franchissement ne sont pas connus ou indiques.
Un RdP non autonome décrit le fonctionnement d'un système dont l'évolution est conditionnée par des événements externes ou par le temps. Un RdP non autonome est synchronise et/ou temporisé.

III.5.2. Graphe d'état

Un RdP non marqué est un graphe d'état si et seulement si toutes transition a exactement une seule place d'entrée et une seule place de sortie.

III.5.3. Graphe d'événement

Un RdP est un graphe d'événement si et seulement si chaque place possède exactement une seule transition d'entrée et une seule transition de sortie.

III.5.4. RdP sans conflit

Un RdP sans conflit est un réseau dans lequel chaque place a au plus une transition de sortie.
Un RdP avec conflit est un réseau qui possède donc une place avec au moins deux transitions de sorties. Un conflit est note [P_i, {T_1, T2, T3,.....T_n}] ; Avec T_1, T2, T3,.....T_n étant les transitions de sortes de la place P_i

III.5.5. RdP a choix libre

Un RdP a choix libre est un réseau dans lequel pour tout conflit [P_i, {T_1, T2,....T_n}] aucune des transitions T_1, T2,....T_n ne possède aucune autre place d'entrée que P_i.

III.5.6. RdP simple

Un Réseau de Pétri simple est un RdP dans lequel chaque transition ne peut être concernée que par un conflit au plus.

III.5.7. RdP pur

Un RdP pur est un réseau dans lequel il n'existe pas de transition ayant une place d'entrée qui soit à la fois place de sortie de cette transition.

III.5.8. RdP généralises

Un RdP généralisé est un RdP dans lequel des poids (nombres entiers strictement Positifs) sont associés aux arcs. Si un arc (Pi, Tj) a un poids k, la transition Tj n'est franchie que si la place Pí Possède au moins k jetons. Le franchissement consiste à retirer k jetons de la place Pi. Si un arc (T_j, P_i) a un poids K : le franchissement de la transition rajoute K jetons à La place P_i. Lorsque le poids n'est pas signalé, il est égal a un par défaut.

III.5.9. RdP à capacités

Un RdP a capacités est un RdP dans lequel des capacités (nombre entiers strictement positifs) sont associées aux places. Le franchissement d'une transition d'entrée d'une place P_i dont la capacité est Cap (P_i) n'est possible que si le franchissement ne conduit pas à un nombre de jetons dans P_i qui est plus grand que Cap (P_i).

III.5.10. RdP à priorités

Dans un tel réseau si on atteint un marquage tel que plusieurs transitions sont franchissables, on doit franchir la transition qui a la plus grande priorité.

III.6. Propriétés des RdP

RdP bornés : une place est dite bornées pour un marquage initial M_0 s'il existe un entier naturel K, tel que pour tout marquage accessible à partir de M_0, le nombre de jetons dans P_i est inférieur ou égale à K, on dit que P_i est K-Borné.

Un RdP est borné pour un marquage initial M_0, si toutes ses places sont bornées pour M_0 : Le réseau est K-borné si toutes ses places sont K-bornées.

III.6.1. Les RdP sauf (ou ordinaire)

Un réseau sauf pour un marquage M_0 est un réseau 1-borné : pour tous les marquages accessibles à partir de M_0 on a soit zéro soit un dans chaque place du réseau.

III.6.2. RdP vivant

Une transition T_j est vivante pour un marquage accessible $M_i \in *M_0$, il existe une possibilité de la franchir. Un RdP est vivant pour un marquage initial M_0 si toutes ses transitions sont vivantes. Un RdP sauf et vivant est dit conforme.

III.6.3. RdP sans blocage

Un blocage est un marquage tel que le franchissement d'une transition n'est plus possible. Un RdP est dit sans blocage pour un marquage initial M_0 si aucun marquage accessible Mí appartient à $*M_0$ n'est un blocage.

III.6.4. RdP réinitialisable

Un RdP est réinitialisable pour un marquage initial M_0 si pour tout marquage M accessible à partir de M_0, il existe une séquence S de franchissement qui ramène à M_0.

III.6.5. RdP à état d'accueil

Un RdP a un état d'accueil M_a pour un marquage accessible M_i appartenant à $*M_0$, il existe une séquence 'S' tel que Mi $[S_i > M_a$

III.6.6. RdP avec conflit

Deux transitions T_i, Tj sont en conflit structurel lorsqu'elles possèdent une place d'entrée commune.

III.7. Utilisation actuelle des réseaux de pétri

L'utilisation des réseaux de Pétri est plus tournée vers la recherche que vers l'industrie. Quelques domaines d'utilisation des différents types de réseaux de pétri :

Réseau de Pétri ordinaire	Modélisation de systèmes logiciels Modélisation de processus d'affaires Gestion des flux Programmation concurrente Génie de la qualité Diagnostic
Réseau de Pétri généralisé	Gestion des flux complexe Modélisation de chaînes logistiques Utilisation pour les techniques quantitatives
Réseau de Pétri temporisé	Gestion du temps de modélisation d'attentes
Réseau de Pétri coloré	Modélisation des systèmes de collaboration
Réseau de Pétri continu	Modélisation de réactions chimiques

Les réseaux de pétri sont aussi utilise dans d'autre méthode de conception pour décrire le comportement du système, comme dans merise pour décrire le modèle conceptuel des traitement, et dans UML pour décrire les diagrammes d'activités.

III.8. Exemple d'outils basés sur les réseaux de pétri

Il existe de nombreux outils de simulation, souvent libres, et développés dans le cadre de thèses ou de recherches scientifiques, comme :

24

III.8.1. L'outil Petrigen

PetriGen a été développe au sein du laboratoire d'automatique et d'informatique de Lille, dans le cadre de la thèse de Thomas Bourdeaud'huy, au départ, il s'agissait d'utiliser des algorithmes génétique pour faire de l'apprentissage de comportements par réseau de pétri, nous nous sommes depuis orientes vers des algorithmes de programmations par contraintes pour la synthèse de réseau de pétri.

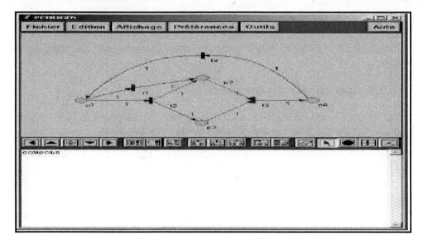

Figure III.4 : Petrigen

Ce logiciel est développe en Tcl/Tk, un langage de script fonctionnant à la fois sous Windows et linux, il propose un ensemble de fonctions pour faciliter la spécification, la synthèse, la visualisation et la simulation de réseau de pétri, il intègre une interface graphique (**figure III.4**) proposant les fonctions classiques d'édition de réseau de pétri, un éditeur de texte permettant d'utiliser tout applicatif conforme à la syntaxe de Prolog Iso.

- **La console :**

La console est le cadre de saisie texte de la fenêtre principale, c'est là que s'affiche les messages provenant de l'application, mais il permet aussi de saisir et d'exécuter des commandes au niveau globale, c'est a dire qui affecteront le code source de l'application et son fonctionnement ultérieur jusqu'à sa fermeture.

- **L'éditeur PROLOG :**

Petrigen permet de faire appel à tout solveur de contraintes de type Prolog disponible sur la machine, l'éditeur Prolog incorporé permet non seulement d'ouvrir, de sauvegarder et d'éditer un source Prolog mais aussi de le compiler et de tester des buts sans sortir de l'application, ce mécanisme repose sur l'utilisation d'un tube ouvert entre l'environnement de travail et l'exécutable Prolog, il suffit d'indiquer par l'intermédiaire de l'interface ou d'un fichier de configuration l'exécutable Prolog souhaité.

- **Démarrage :**

L'interface avec le langage C :
Petrigen offre aussi la possibilité d'être interface à moindres frais avec le langage C, ce qui lui permet d'utiliser la plupart des bibliothèques de résolution de contraintes du marché.

III.8.2. E-NetObjet

E-NetObjet est un éditeur graphique de réseau de pétri a objets développer au sein de l'université de Montpellier, cet outil est entièrement écrit en java, il fait partie d'une suite d'application. Il vous permettra de créer et d'éditer les réseaux de pétri les plus complexes. Voici une liste non exhaustive de ses caractéristiques :

● Environnement d'éditons des plus complets : création de la plus part des éléments d'un RdP classique (Place, Transition, Arc, Arc Inhibiteur, arc de Fusion, Sous-Reseau,……..), des jetons-objets d'un réseau de pétri a Objets (Classes, Objets, Arborescence des Classes, réutilisation, etc.), l'association de fonctions au modèle ou aux objets (méthode), la duplication de place (duplication au sens graphique)…

● Gestion des modèles génériques.

● Génération XML d'un réseau (utilise par les autres applications de E-NetObjet).

● Librairies de classes.

● toutes les caractéristiques d'un éditeur d'objets graphique : Couper/Copier/Coller/supprimer, annuler/Rétablir, Imprimer (sous forme graphique ou textuelle), Zoom, etc.

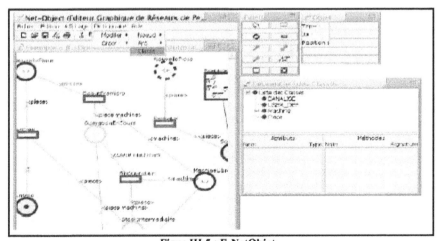

Figue III.5 : E-NetObjet

Synthèse :

Il est difficile de donnée un jugement sur les outils existants sur le marché, mais, nous avons identifier trois taches qui devraient être présentes dans les outils des réseaux de pétri :

Tache d'édition :

Dans cette tache l'utilisateur doit éditer les modèles (ajouter modifier des places des arcs des marquages,…).

Tache de simulation :

Dans cette tâche l'utilisateur va vouloir vérifier si le modèle se comporte comme il l'avait prévu. On peut aider l'utilisateur en lui montrant l'ensemble des transitions qui sont franchissables et lui permettre d'exécuter l'une d'elles. L'activité d'interprétation peut être rendue plus facile par l'ajout d'animation (déplacement des jetons) pour faciliter la compréhension de l'évolution de l'état du modèle.

Tache d'analyse :

Dans cette tâche l'utilisateur va vouloir vérifier que certaines propriétés sont présentes dans le modèle. Dans la plupart des outils réseau de Pétri l'analyse doit être exécuté manuellement. Le problème qui en découle est de comprendre les résultats et de les confronter aux objectifs. Permettre la visualisation directe sur le modèle de l'analyse permettrait de limiter ce problème.

III.9. Conclusion

Les réseaux de pétri en tant qu'outil de modélisation et d'analyse, conviennent bien pour la modélisation des systèmes, où des vies humaines, et des biens sont misent en jeu, grâce à leur formalisme qui se base sur un langage mathématique. Comme ils se portent aussi bien pour la modélisation des problèmes d'organisation, de synchronisation, et de coopération entre unités travaillant en parallèle. Ces différentes taches (synchronisation, coopération, organisation) sont omniprésentes dans les procédés logiciels, pour gérer les différentes entités telles que: développeurs, activités, ressources, rôle,…Ets, dans le chapitre suivant nous traitons la conception d'un procédé logiciel par des réseaux de pétri.

CHAPITRE IV : Conception

IV.1. Introduction

Nous présentons dans ce chapitre notre approche de conception d'un environnement de modélisation par les réseaux de pétri.

On commençant d'abord par l'architecture globale de l'environnement de développement dans laquelle s'insère notre approche, et par là suite nous exposons d'une manière détaillée notre conception portant sur :

- Le développement d'un outil graphique de modélisation basé sur le formalisme des réseaux de pétri en l'appliquant à la modélisation des procédés logiciels.

- Le développement d'une interface Web dynamique pour l'accès à, des modèles de procédés logiciel suivis par des projets, ou enregistrer dans la base de donnée à des fins de portabilité, de gestion et d'amélioration, les modèles définis seront stockés dans une base de données, qui constituera un moyen de communication entre les deux application (outil, application Web).

IV.2. Architecture de l'environnement de développement

L'architecture de notre environnement (**Figure IV.1**), montre les différents outils et modules intervenants dans le processus de développement (modélisation, instanciation, exécution). Cette architecture est centrée autour d'un outil graphique de modélisation, d'une base de données (pour le stockage des modelés, projet et membre) et d'une interface Web dynamique aux fins d'accès et de gestion.

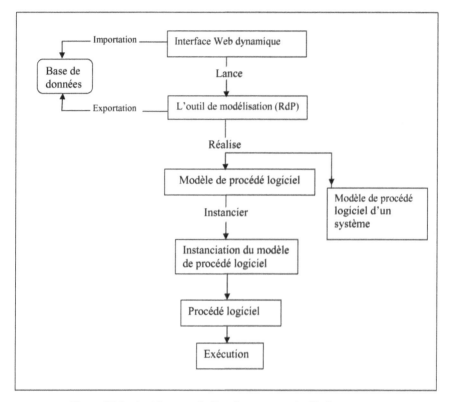

Figure IV.1 : Architecture de l'environnement de développement

Intervenants et entités de l'environnement :

Concepteur de modèle (ou responsable informatique) : Il est en charge de la définition, de la politique ou de la stratégie globale de développement des logiciels. Cette politique globale est décrite sous la forme d'un modèle de procédé logiciel.

Modèle de procédé logiciel : Un modèle de procédé logiciel est la base de toute définition de procédé logiciel. Il offre une description globale des types d'activités, des types de ressources (matérielle, logicielle, humaine, etc.), des relations entre ces différents types.

Le chef de projet : Il a la responsabilité de définir un procédé logiciel à partir d'un modèle de procédé logiciel. C'est l'opération **d'instanciation** du modèle. Pour cela, il devra contrôle, définir la nature de chacune des activités de son projet, en terme de sous activités, de produits en entrées et en sortie, d'agent affectés avec des rôles précis (testeur, développeur,...) aux différentes activités, d'outils à utiliser et des contraintes respectives (enchaînement des activités, respect de délais d'activités, conditions d'utilisation d'outil, Ets)

Membre : C'est un agent affecté pour un projet avec un rôle précis (développeur, testeur, infographiste, etc.), donc son travail se résume à l'exécution des taches définit par son chef de projet.

Procédé logiciel (ou instance du modèle) : le procédé logiciel est le résultat de l'instanciation du modèle de procède logiciel. Il est Aussi un ensemble cohérent d'activités faisant intervenir un certain nombre de personnes et d'outils, de produits et de techniques dont l'objectif majeur est d'assurer le développement et la maintenance d'un produit logiciel.

Base de données : la base de données à pour rôle de stocker toute les informations définies au cours du processus de définition, d'instanciation et d'exécution d'un modèle. Pour les modèles de procédé logiciels, ces informations concernant les activités, les produits, les outils et les agents relatif à chaque activité du procédé logiciel.

IV.3. Conceptualisation

Le but de la conceptualisation est de comprendre la structure et les fonctionnalités de notre application (outil de modélisation + application Web), qui va nous permet :

- Définir le contour du système à modéliser (il précise le but à atteindre).
- D'identifier les fonctionnalités principales (critiques) du système.

Le modèle conceptuel doit permettre une meilleure compréhension du système, et surtout il doit servir d'interface de communication entre les acteurs du projet.

IV.3.1. Conception de l'outil graphique de modélisation

Ce système conceptuel résume certaines actions que pourra effectuer le concepteur de modèle pendant le processus de définition du modèle en utilisant notre outil de modélisation.

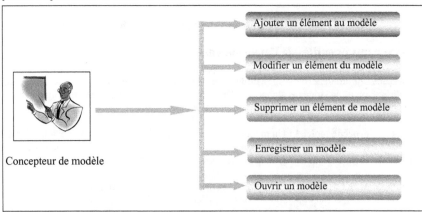

Figure IV.2 : Actions du concepteur de modèle

La **Figure IV.2** montre les actions qui peuvent être effectués par le concepteur du modèle à l'aide de notre outil de modélisation.
Un élément de modèle peut être :

- ❖ une activité (représenté par une transition).
- ❖ une ressource (représenté par une place).
- ❖ un arc (représente un lien).

Règles de modélisation : Pour assure des modèles cohérents, on définit ces règles de modélisation :

Règle 1

L'ajout d'un élément : deux éléments différents de même type ne peuvent pas avoir le même identifient (nom), ce problème est réglé par l'outil d'une manière automatique.

Règle 2

Suppression d'un élément : la suppression d'un élément d'un modèle éliminera tous ses liens avec les autres éléments de modèle.

Règle 3 :

Ajouter un arc : un arc ne peut lier deux éléments de même type (place_place ou transition_transition), ou lier deux éléments qui sont déjà directement lié par un autre arc.

Règle 4 :

Le poids de l'arc doit être un entier positif, cette contrainte est vérifiée par l'outil lui-même.

Règle 5 :

Une seule place ou une seule transition ne constitue pas un modèle, notre outil de modélisation vérifie ça d'une manière automatique.

Règle 6 :

Un modèle doit posséder au moins une place et une transition liées entre elles par un arc, cette erreur est détecter par notre outil lors de la simulation.

IV.3.2. Conception de l'interface Web dynamique

Nous pressentons dans cette partie une interface Web dynamique qui joue un rôle, d'un coté comme une plateforme de communication entre les membres de l'organisation (concepteur, chef de projets, membres), et d'un autre coté elle permet l'accès aux projets en cours, et la modélisation des procédés logiciels correspondants, en utilisant notre outil de modélisation défini auparavant. Pour accéder aux projets enregistrés, on définit les types de profils suivants :

➕ Le profil **Responsable Informatique** (ou concepteur de modèle), qui est en charge de la conception et de la gestion du modèle de procédé et des instances de procédés.

➕ Le profil **Chef de projet,** qui est en charge de gérer un ou plusieurs projets. Ces derniers sont guidés par un procédé logiciel adapté et défini par le chef de projet lors de l'instanciation du modèle de procédé associé.

➕ Le profil **Membre**, dont le rôle est de participer à la réalisation d'un projet ou plusieurs, comme un agent développeur, un infographiste, un technicien, etc. Ses droits de gestion et d'accès son limités seulement à son rôle dans le projet.

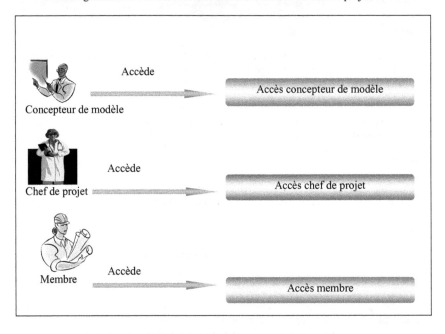

Figure IV.3 : Différent accès à interface web dynamique

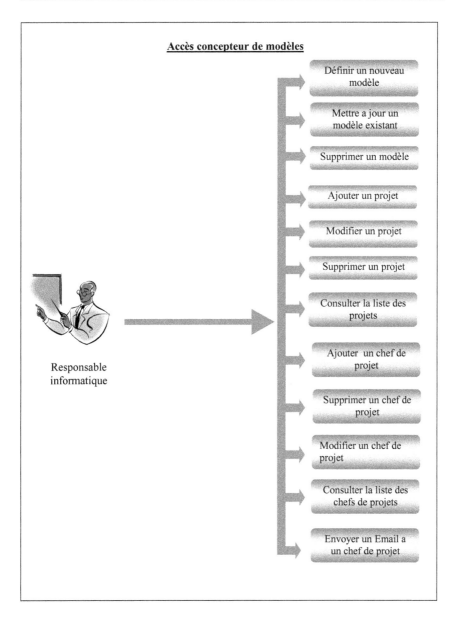

Figure IV.4 : Accès concepteur de modèle

La **Figure IV.4** montre les actions du concepteur de modèle (responsable informatique), il a tous les droits d'accès sur les modèles et sur les projets ainsi que sur les chefs de projets.

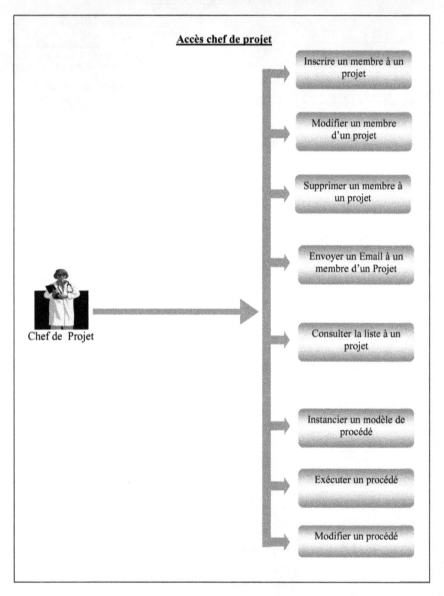

Figure IV.5 : Accès chef de projet

La **Figure IV.5** : montre que le chef de projet a des droits qui se limite seulement sur ses projets (exécuter un procédé pour un de ses projet donné, inscrire un membre à l'un de ses projets, etc.).

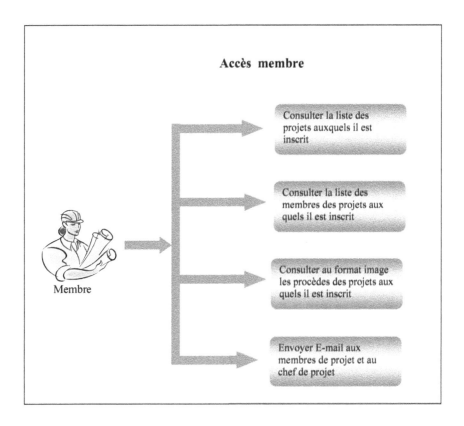

Figure IV. 6 : Accès membre

Figure IV. 6 montre qu'un membre d'un projet détient des droits limites a la consultation et à des fonctions spécifiques a son rôle dans le projet sur lequel été enregistrer. Il ne peut en aucun cas modifier quoi que ce soit.

IV.3.3. Schéma conceptuel de la base de données

La base de données a pour vocation de stocker toutes les informations définies au cours du processus de définition, d'instanciation et d'exécution des modèles, et de projets.

Dans la conception de notre application on a utilise le formalisme entité association pour décrire les entités du système ainsi que les associations entre ces entités comme le montre la figure ci-dessous.

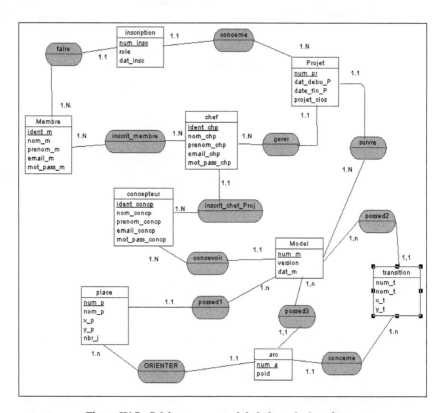

Figure IV.7 : Schéma conceptuel de la base de données

On transforme ce modèle entité association en un modèle relationnel normalisé qui est directement implantable.

Liste de table :

concepteur (*ident_concp, nom_concp, prenom_concp, email_concp, mot_pass_concp) ;
chef (*ident_chp, nom_chp, prenom_chp, email_chp, mot_pass_chp, #ident_concp) ;
membre (*ident_m, nom_m, prenom_m, email_m, mot_pass_m) ;
inscription (*num_insc, role, dat_insc, #num_pr, #ident_m) ;
inscrit_membre (#ident_chp, #ident_m) ;
projet (*num_pr, dat_debut_p, date_fin_p, projet_clos, #ident_chp, #num_m) ;
modele (*num_m, dat_m, version, #ident_concp) ;
place (*num_p, nom_p, nbr_j, x_p, y_p, #num_m) ;
transition (*num_t, nom_t, x_t, y_t, #num_m) ;
arc (*num_a, poid, #num_m);

Définition des tables :

La table concepteur : Cette table sera utilisée pour sauvegarder les informations du concepteur (responsable informatique), tel que son mot de passe, son identificateur, nom et prénom et email.

La table chef : Contient des informations sur les chefs de projets inscrits, tel que nom, prénom, email, mot de passe, identificateur de leur responsable informatique.

La table membre : Contient toutes les informations relatives à un membre tel que son identificateur, son nom et prénom, email, mot de passe. Ces informations permettront l'identification d'un membre donnée.

La table inscription : Cette table rassemble des informations concernant l'inscription d'un membre tel que son numéro d'inscription, numéro de projet auquel il est inscrit, ainsi que son rôle pour ce projet.

La table inscrit_membre : Cette table contient l'identificateur d'un membre et celui de son chef de projet. Cette table va nous permettre d'inscrire plusieurs membres pour un chef de projet, et de permettre à un membre de participer à la réalisation de plusieurs projets à la fois.

La table projet : Cette table rassemble toutes les informations permettant de gérer un projet, te que son numéro, sa date de début et sa date de finition prévu pour ce projet, ainsi que le numéro de modèle de procédé logiciel suivi par ce projet.

La table modèle : Rassemble toutes les informations concernant un modèle, tel que son numéro, sa date d'exportation, et sa version, et l'identificateur du concepteur etc.

La table place : Cette table contient toutes les informations concernant le nom de la place, les repères de la place, nombre de jetons, et le nom de ressource, et le numéro du modèle auquel elle appartient. Cette place est utiliser donc pour décrire les ressources qui seront intervenir pour déclencher l'exécution d'une activité.

La table transition : Cette table contient toutes les informations concernant l'identificateur de la transition, les repères de la transition et le nom de l'activité, et le numéro du modèle auquel elle appartient. Cette transition est utilisée pour décrire l'activité qui va manipuler et transformer les ressources.

La table arc : Cette table contient le numéro de l'arc ainsi que son poids qui indique le nombre de jeton transitant de cet arc, en plus de ça il nous donne le sens de l'arc par son signe (+ place vers transition ,- le contraire).

IV.4. Conclusion

Après avoir fait la conception, qui nous a permet de tracer la structure générale de notre application (outil + application Web) et ainsi que la conception du modèle logique de données, qui nous permettra d'implémenter la base de données au niveau physique dans le chapitre suivant.

CHAPITRE V : Mise en œuvre

V.1. Introduction

Ce chapitre montre l'implémentation de notre environnement de modélisation, appliqué aux modèles des procédés logiciels. Pour la mise en œuvre de notre outil de modélisation et l'interface Web dynamique, nous avons utilisé les langages de programmations JAVA et PHP.

V.2. Java et l'environnement de développement JBuilder X

Le choix du langage de programmation orienté objet java est justifié par ses avantages qu'on peut résumer dans ces points :

- Java est interprété
- Java est indépendant de toute plate forme
- Langage orienté objet
- Langage simple
- Plus sécurisé

Le choix de JBuilder X comme environnement de développement est dictée par sa simplicité d'utilisation et son efficacité.

V.3. Le langage de script PHP

PHP (Personal Hyper Text Preprocssor) est un langage de programmation qui s'intègre dans des pages HTML, Exécuté du côté serveur (comme les scripts CGI, ASP, ...). Le but de ce langage est de permettre aux développeurs web d'écrire rapidement des pages web dynamiques, il offre aussi les apports suivants :

- Collection de données
- Génération, dynamique des pages
- Envoi et réception de cookies
- Interfaçage avec un grand nombre de base de données (dbase, Mysql, Access, Ets)

Pour le système de gestion de base de donnée (SGBD) notre choix est porté sur le SGBD Mysql, car il répond largement à nos attentes et par ses caractéristiques de performance, de fiabilité et de simplicité d'utilisation.

V.4. L'outil de modélisation réseau de pétri

V.4.1. Principales structures de données

Nous présentons ici que les principales classes définissent dans notre outil de modélisation.

Classe Cercle : Cette classe contient un ensemble d'attribut, comme la couleur, et un ensemble de méthode permettent de dessiner un cercle, et d'insérer deux étiquettes qui sont, le nombre de jeton et le nom de la ressource ou de changer la couleur du cercle,(**Figure V.1**).

```
class Cercle extends JPanel
{
  public void Cercle(){
  }

  public void paintComponent(Graphics g)
  {
    super.paintComponent(g);
     Graphics2D gl=(Graphics2D)g;
     gl.setPaint(new GradientPaint(5,100,c1,65,100,c2,true));//couleur du cercle
     gl.fill(new Ellipse2D.Double(12,22,55,55));//fonction de dessin
  }
  void insertion(String s1,String s2)//inserer deux etiquettes
  {
    titre.setText(s1);
    jeton.setText(s2);
  }
  void color(Color c3,Color c4)//modéfier la couleur du cercle
  {
    this.c1=c3;this.c2=c4;
  }
  void f(JPanel h)//positionner les deux etiquettes
  {
    titre.setLocation(32,10);h.add(titre);
  jeton.setLocation(32,32); h.add(jeton);
  }
   Color c1=Color.red;Color c2=Color.yellow;
  private JLabel titre,jeton;
}
```

Figure V.1 : classe Cercle

Classe Transition : Cette classe est dérivée de JPanel, nous permet d'instancier des objets, qui vont représenter des transitions, cette classe contient un ensemble d'attribut et un ensemble de méthode à dessin un rectangle ou à changer la couleur,(**Figure V.2**).

```
3550  class Transition extends JPanel
3551    {
3552    public void Transition(){
3553
3554    }
3555      public void paintComponent(Graphics g5)
3556    {
3557      super.paintComponent(g5);
3558      Graphics2D g1=(Graphics2D)g5;
3559      // g1.setXORMode(Color.red);
3560      g1.setPaint(new GradientPaint(100,56,c1,100,50,c2,true));
3561      g1.fill(new Rectangle2D.Double(0,0,80,30));
3562    }
3563
3564    void color(Color c3,Color c4)
3565    {
3566      this.c1=c3;this.c2=c4;
3567    }
3568
3569    Color c2=Color.green;Color c1=Color.GRAY;
3570    private JLabel titre,jeton;
3571    }
```

Figure V.2 : classe Transition

V.4.2. Principe de fonctionnement

Nous avons déclaré deux tableaux, un de type cercle et l'autre de type transition, qui vont contenir les références des objets créés (cercle et transition).

```
Cercle t[]=new Cercle[1000]; // tableau de cercle
Transition tt[]=new Transition[1000] ; // tableau de transition
```

Pour les besoins de sauvegardes temporaires des attributs concernant une transition ou un cercle, on a définie trois matrices :

```
String mc[][]=new String[5][1000];
String mt[][]=new String[4][1000];
int ma[][]=new int[5][1000];
```

La matrice mc[][] : Permet de contenir les informations de chaque objet de type cercle, comme son indice, le nom de la ressource,le nombre de jetons, ainsi que ses cordonnées dans la zone de dessin.

La matrice mt[|][] : Permet de contenir les informations de chaque objet instancier de la classe transition, comme son indice de création, le nom de la transition, et ses cordonnées dans la zone de dessin.

La matrice ma [|][] : Cette matrice permet de sauvegarder les informations cernant un arc, comme l'indice de l'arc, et les indices du cercle et de la transition lies par cet arc,ainsi que le poids de l'arc avec un signe (-/+) qui indique le sens de l'arc (cercle→transition / inverse).

V.4.3. Enregistrement du modèle

Les trois matrices précédentes nous permettent de sauvegarder toutes les informations concernant un modèle tempérament. Et pour enregistrer un modèle d'une manière permanente, il faut remplir les tables (table : modèle, rac, transition, place) lier à un modèle par ces matrices,(**Figure V.3**).

```
/insertion dans la table modele
r = st.executeUpdate("insert into modele values ( '" +
                enrigestrer1.code + "','" + enrigestrer1.nom +
                "','" + enrigestrer1.Date1 + "','" + concepteur +
                "','"+chaine2+"','"+chaine_f+"','"+chaine_a+"') ");

//insertion dans la table place
for (int i = 1; i <= h; ++i) {
 if (mc[1][i] != "0") {
   String chaine1_p="5,115,255,";
 chaine1_p=String.valueOf(t[i].c1.getRed())+","+String.valueOf(t[i].c1.getGreen())+","+String.valueOf(t[i].c1.getBlue())+",";
   String chaine2_p="110,110,011,";
   chaine2_p=String.valueOf(t[i].c2.getRed())+","+String.valueOf(t[i].c2.getGreen())+","+String.valueOf(t[i].c2.getBlue())+",";
   String chaine3_p="01,10,110,";
   chaine3_p=String.valueOf(t1[i].getForeground().getRed())+","+String.valueOf(t1[i].getForeground().getGreen())
       +","+String.valueOf(t1[i].getForeground().getBlue())+",";

   r = st.executeUpdate("insert into place values ('" + i + "','" +
                mc[1][i] + "','" + mc[2][i] + "','" +
                mc[3][i] + "','" + mc[4][i] + "','" +
                enrigestrer1.code +"','"+chaine1_p+"','"+ chaine2_p+"','"+chaine3_p+"')");        }
 }
```

Figure V.3 : insertion dans la table modèle et place

V.4.4. Ouverture d'un modèle

Pour l'ouverture d'un modèle on fait l'opération inverse que précédemment, remplir les trois matrices définit précédemment à partie de la base de données, et ensuite on procède à la création des cercles et des transitions ainsi que les arcs correspondent.

V.5. Interface utilisateur de l'outil de modélisation

L'utilisateur peut accéder aux opérations de conception d'un modèle à travers un ensemble de menus et une barre d'outils de dessin.
La barre d'outils de dessin contient :

- Un bouton pour créer une place.
- Un bouton pour créer une transition.
- Un bouton pour créer un arc.
- Un bouton pour désactiver l'opération de dessin.
- Un bouton pour indiquer le nom de l'action en cours.
- Un bouton pour indique le nom du modèle en cours.

La liste de menu :

- Fichier (nouveau, ouvrir, enregistrer, enregistrer sous, supprimer, imprimer)
- Edition (couleur de la zone de dessin)
- Projet (simuler le réseau, matrice)
- Aide (aide, à propos)

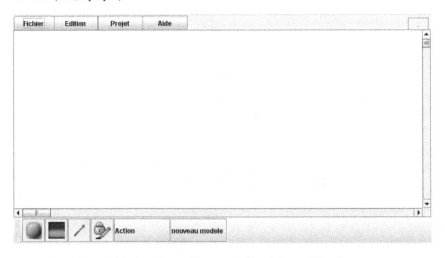

Figure V.4 : interface utilisateur de l'outil de modélisation

V.5.1. Quelques exemples d'actions

Insertion d'un élément : Pour insérer une place ou une transition le principe est le même, on cliquer sur l'image de la place ou de la transition qui se trouvent en bas de l'interface, puis on clique sur la surface de dessin qui se trouve au centre, pour qu'une boite de dialogue s'affiche nous demande de saisir quelques informations. Comme la montre la **Figure V.5**.

Figure V.5 : insertion d'un élément

Pour insérer un arc, la procédure est différente de la première, on commence par cliquer sur l'image de l'arc, puis en clique sur l'élément (place ou transition) de départ de l'arc et enfin sur l'élément d'arrivé de l'arc, une boite de dialogue s'affiche pour introduire le poids de l'arc.

Modification des propriétés d'un élément : Pour modifier une propriété d'un élément (arc, place, transition), il suffit de cliquer sur cet élément avec le bouton droit de la souris, pour afficher un menu permettant de changer une propriété, ce même menu contient d'autre opération comme la supprimer (**Figure V.6**).

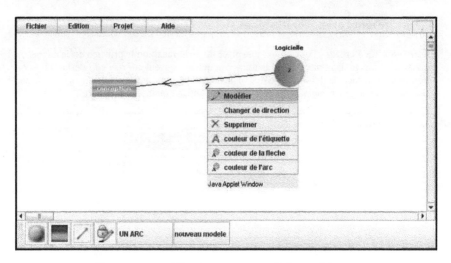

Figure V.6 : modification d'une propriété d'un élément

Enregistrement d'un modèle : Une fois la conception du modèle est terminée, on procédé à son enregistrement, et pour cela on clique sur le menu *fichier* puis sur *enregistrer sous,* une boite s'affiche nous demande de saisir les informations du modèle. (**Figure V.7**).

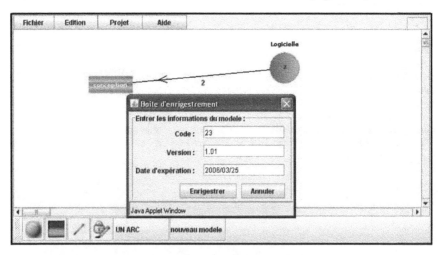

Figure V.7 : enregistrement d'un modèle

Ouverture d'un modèle : Pour ouvrir un modèle déjà enregistré dans la base de données, on clique sur le menu *fichier* puis sur *ouvrir*, pour faire apparaître une boite qui contient la liste des modèles enregistrés, on choisi un modèle puis on clique sur ouvrir. (**Figure V.8**).

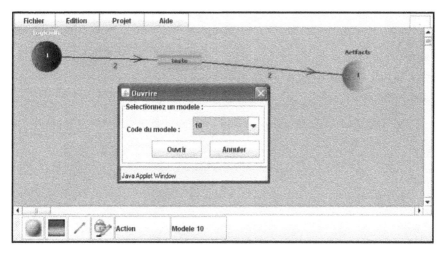

Figure V.8 : ouverture d'un modèle

Vérifier le modèle : Pour vérifier un modèle, des erreurs qui peuvent être commises lors de la conception, on clique sur le menu *projet* puis sur *simuler* une fenêtre apparaît avec la liste des erreurs possibles (**Figure V.9**).

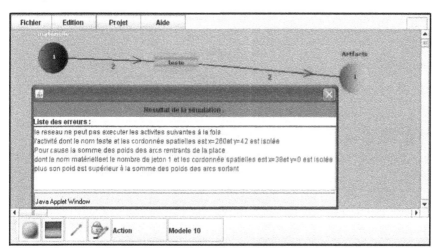

Figure V.9 : vérification d'un modèle

Matrice d'incidence et vecteur de marquage initial : pour voir la matrice d'incidence et le vecteur de marquage initial du réseau (modèle), on cliquer sur le menu *projet* puis sur *matrice,* une fenêtre s'affiche avec une matrice et un vecteur comme le montre la **Figure V.1O.**

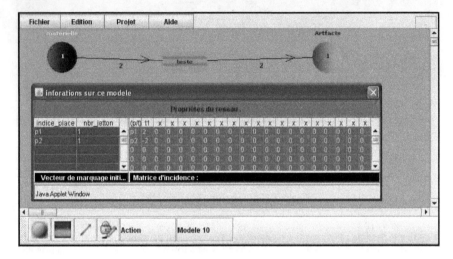

Figure V.1O : matrice d'incidence

V.6. Définition des procédés logiciels

Dans notre modélisation avec les réseaux de pétri, un modèle est composé d'éléments et de liens.

Les éléments :

- Ressource (matérielle, logicielle, humaine, artefacts, etc.).
- Activité.

Les liens :

- Un arc avec un poids lier une transition avec une place ou l'inverse.

Un exemple de modèle cohérent :

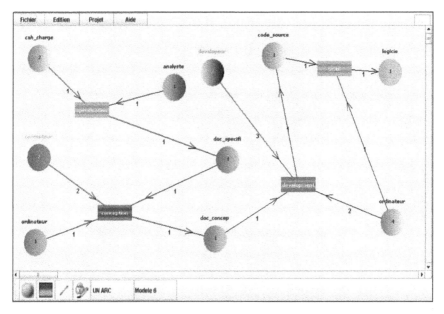

Figure V.11 : exemple de modèle cohérent.

- Un arc avec un poids p, entre une ressource r et une activité A ; signifier que l'exécuter de l'activité A nécessite p ressource de r.
- Un arc avec un poids p, entre une activité A et une ressource r ; signifier que l'exécuter de l'activité A produit p ressources de r.

V.7. Interface Web dynamique

L'utilisation de la technologie du WEB dynamique rentre dans le cadre de l'utilisation des nouvelles technologies développer pour les systèmes informatiques avancés qui tendent à développer des systèmes distribués permettent les collaborations des équipes à distance. Pour la gestion d'un projet de grande ampleur on doit définir un modèle de procédé propre à l'entreprise. Ce processus passe par plusieurs étapes à savoir (**Figure V.12**) :

- La mise en œuvre
- La modélisation
- L'exécution
- L'évolution
- L'intégration
- La gestion des versions

50

Dans ce travail, on s'intéresse plus précisément à la modélisation des modèles de procédés logiciels.

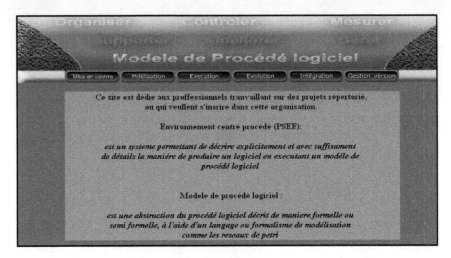

Figure V.12 : Page d'accueil interface Web.

Afin de permettre la modélisation des modèles de procèdes logiciels à distance en toute sécurité, il faut pouvoir identifier l'utilisateur selon son profil d'accès. Seul le concepteur de modèles (Admin.) détient le droit de crée un projet et de pouvoir affecter un chef de projet. En conséquence, ce dernier aura des droits limités et le membre verra ses droits encore plus restreints.

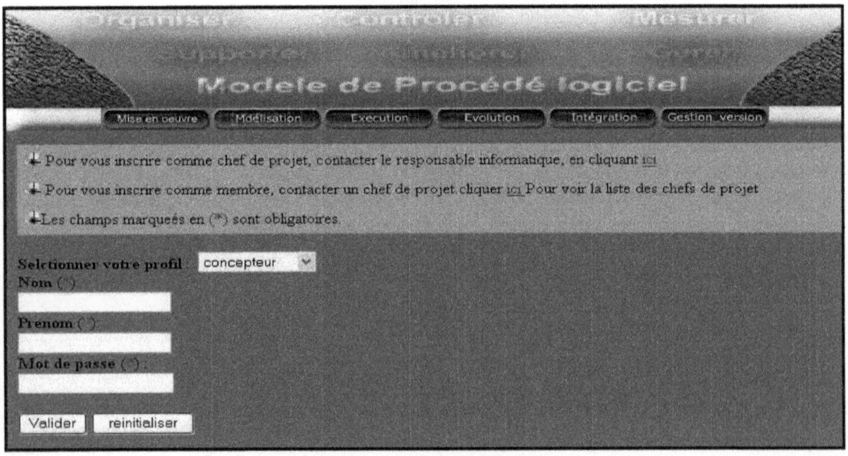

Figure V.13 : profil d'accès

Une fois le profil choisi (**Figure V.13**), l'utilisateur doit s'identifier grâce un mot de passe fourni soit par le concepteur de modèle (si l'utilisateur est un chef de projet), soit par le chef de projet (si l'utilisateur est un membre).

Une fois l'utilisateur est identifié, un espace de travail et des informations propres à son profil lui sont affichés.

V.7.1. Exemples d'actions du concepteur de modèles

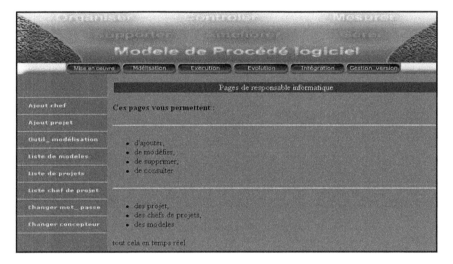

Figure V.14 : Accès du concepteur de modèle

La **Figure V.14** nous montre que le concepteur de modèle a une vue globale sur les projets existants et il détient tous les droits tels que la suppression, l'ajout et la modification d'un projet ou d'un modèle de procédé logiciel, ou bien d'un chef de projet.

Le menu de la page de concepteur de modèle :

Le menu du concepteur de modèle est constitue de huit titre qui sont :

1. ajout chef
2. ajout projet
3. outil_modélisation
4. liste de modèles
5. liste de projets
6. liste de chefs de projets
7. changer mot_passe
8. changer concepteur

On commence maintenant d'exposer chaque titre.

♣ Ajout chef :

Quand le concepteur clique sur le menu *ajout chef* une page s'affiche l'invitant à remplir un formulaire concernant le chef de projet à enregistrer

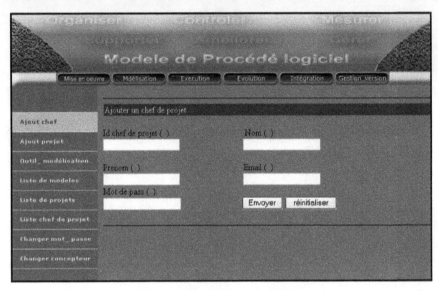

Figure V.15 : ajout chef de projet

Dans le cas où le concepteur tenter de saisie un chef de projet avec un numéro déjà existant, ou d'envoyer le formulaire sans la saisie de toute ses informations, dans ce cas là, un message d'erreur s'affiche lui indiquant l'origine de l'erreur.

Une fois le formulaire est envoyé sans erreur, le nouveau chef de projet est enregistré dans la table *chef.*

	Champ	Type	Interclassement	Attributs	Null	Défaut	Extra	Action
☐	ident_chp	int(11)			Non	0		✎ ✕ 🖭 ✎
☐	nom_chp	varchar(40)	latin1_swedish_ci		Non			✎ ✕ 🖭 ✎
☐	prenom_chp	varchar(40)	latin1_swedish_ci		Non			✎ ✕ 🖭 ✎
☐	email_chp	varchar(40)	latin1_swedish_ci		Non			✎ ✕ 🖭 ✎
☐	mot_pass_chp	varchar(40)	latin1_swedish_ci		Non			✎ ✕ 🖭 ✎
☐	ident_concp	int(11)			Non	0		✎ ✕ 🖭 ✎

Figure V.16 : table chef

+ **Ajout projet :**

Pour enregistrer un nouveau projet on clique sur ajout projet dans le menu, une page s'affiche contenant un formulaire d'ajout d'un projet (**Figure V.17**).

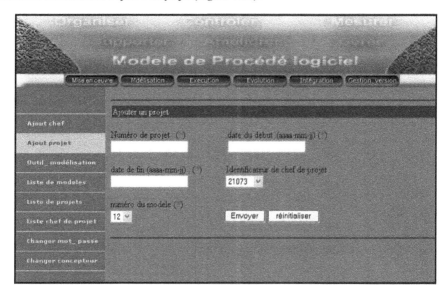

Figure V.17 : ajout projet

Une fois le formulaire remplir correctement ce nouveau projet sera ajouter à la base de donné en particulier à la table projet (**Figure V.18**).

	Champ	Type	Interclassement	Attributs	Null	Défaut	Extra		Act
☐	date_debut_p	date			Non	0000-00-00		✎ ✗ 🗑	
☐	num_pr	varchar(40)	latin1_swedish_ci		Non			✎ ✗ 🗑	
☐	date_fin_p	date			Non	0000-00-00		✎ ✗ 🗑	
☐	ident_chp	int(11)			Non	0		✎ ✗ 🗑	
☐	projet_clos	varchar(5)	latin1_swedish_ci		Non			✎ ✗ 🗑	
☐	num_m	varchar(20)	latin1_swedish_ci		Non			✎ ✗ 🗑	

Figure V.18 : table projet

54

↓ Outil_modélisation :

Cette page permet au concepteur de modèle d'accéder à l'outil de modélisation, pour l'ajout, et la suppression, ou la modification d'un modèle de procédé logiciel.

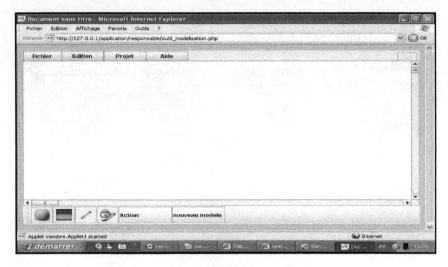

Figure V.19 : outil de modélisation

↓ Liste de modèles :

Cette page permet au concepteur de visualiser tous les modèles de procédé logiciels, pour les raisons de consultation et de modification ou de suppression.

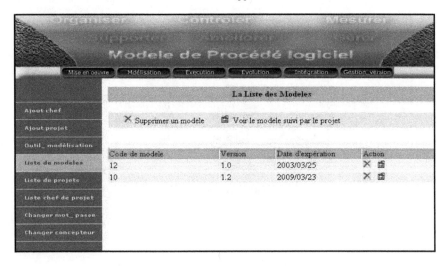

Figure V.20 : liste de modèle

↓ Liste de projet :

Cette page donne accès au concepteur à la liste des projets répertories, en vue de consultation, de modification, ou de suppression, ou bien de visualiser le modèle suivi par le projet.

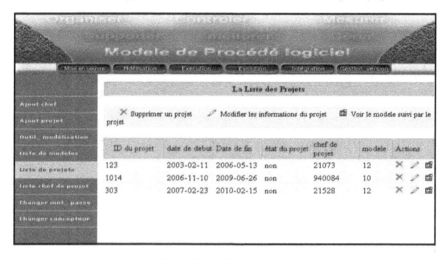

Figure V.21 : liste de projet

↓ Liste de chef de projet :

Cette page donne accès à toutes les informations des chefs de projet enregistrés, ainsi qu'une liste d'opérations tel la suppression, la modification, l'envoyer d'un email à ce chef de projet ou la consultation de la liste des projets dirigés par ce chef.

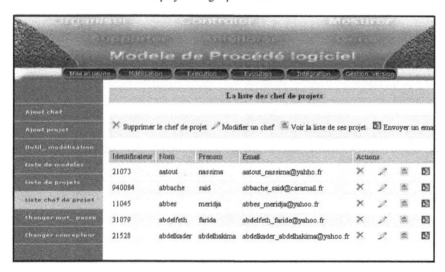

Figure V.22 : liste de chef de projet

↟ Changer mot de passe :

Le concepteur à tout moment il peut changer son mot de passe à l'aide de son ancien, pour sécuriser son espace de travail.

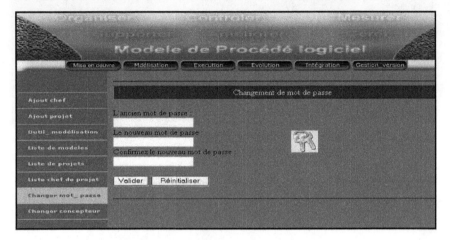

Figure V.23 : changement de mot de passe

↟ Changer concepteur :

Dans le cas où le concepteur cède sa place à un autre concepteur, l'ancien concepteur remplir le formulaire du nouveau concepteur, puis il lui donne son mot de passe, et le nouveau concepteur procédé au changement de son mot de passe.

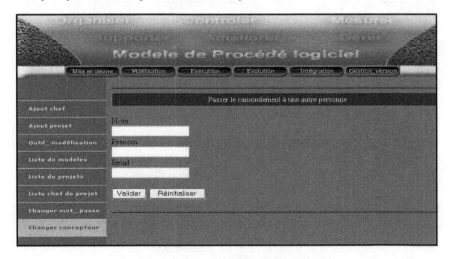

Figure V.24 : changement du concepteur de modèle

V.2. Exemple d'action du chef de projet

Une fois le chef de projet est identifier avec son mot de passe un espace de travail lui sera réservée comme le montre la **Figure V.25**.

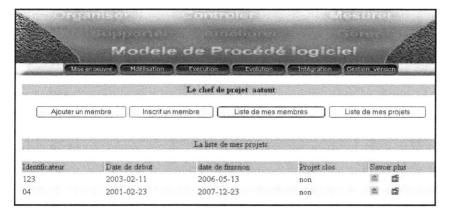

Figure V.25 : Page d'accueil de chef de projet

Cette interface lui permet de visualiser la liste de ses projets et les modèles suivis par chaque projet, Ainsi que la liste des membres participant à la réalisation de chaque projet.

➕ **Inscrire un membre :**

Quand le chef de projet veut inscrire un membre pour un de ses projets il clique sur le bouton inscrire un membre dans la page d'accueil, pour que une page s'affiche lui demander de remplir le formulaire d'inscription.

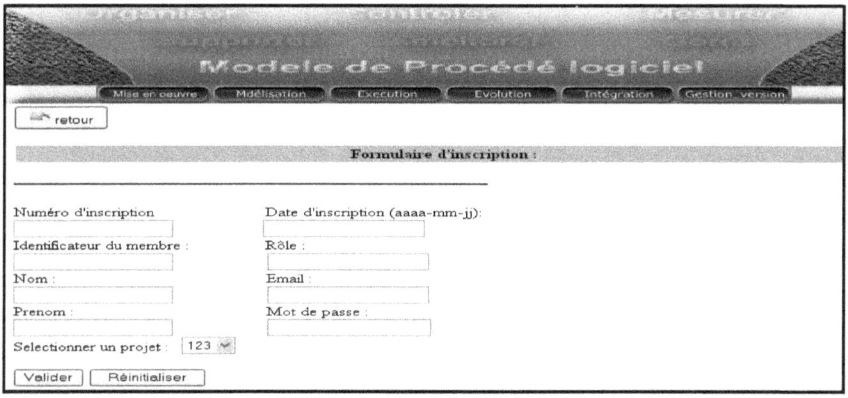

Figure V.26 : inscrire un membre

58

Une fois le formulaire est postée avec succès les trois tables inscription, membre et inscrit_membre sont alimentés (**Figure V.27, Figure V.28, Figure V.29**).

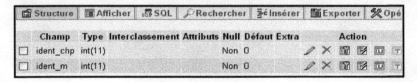

Figure V.27 : table inscrit_membre

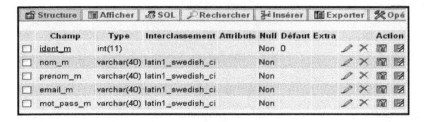

Figure V.28 : table membre

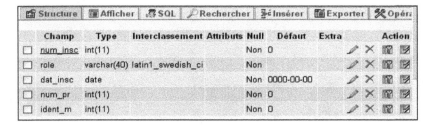

Figure V.29 : Table inscription

🞃 **La liste des membres :**

Dans le cas où le chef de projet veut consulter la liste de ses membres pour les raisons de vérification ou de modification ou bien de suppression, il peut cliquer sur le bouton *liste de mes membres* dans la sa page d'accueil (**Figure V.30**).

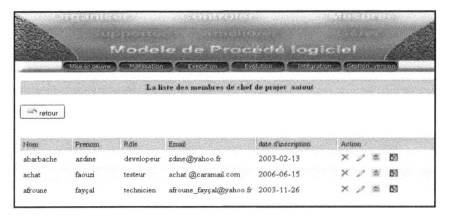

Figure V.30 : liste des membres

Cette page permet au chef de projet de modifier les informations d'un membre ou lui envoyer un email ou bien le supprimer mains aussi de consulter la liste de ses projets auquel ce membre participe à sa réalisation.
Interface de l'envoie d'un email :

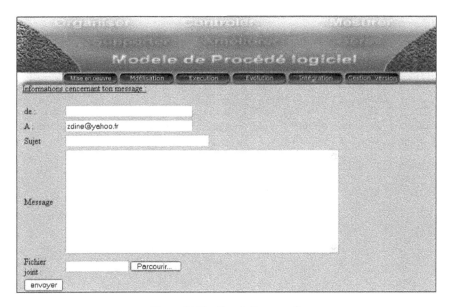

Figure V.31 : Envoi d'un email

V.7.3. Exemple d'action d'un membre

Lorsque un utilisateur accède avec le profil membre (**Figure V.32**), il ne peut pas consulter que la liste des projets auxquels il est inscrit et pour chaque projet il peut voir le modèle suivi par ce projet ou la ,liste des personnes participants à sa réalisation

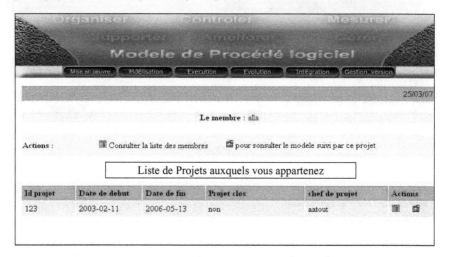

Figure V.32 : Page d'accueil du membre

V.8.Conclusion

Dans ce chapitre, on a essayé de clarifier et d'expliquer l'implémentation de notre application (outil de modélisation + interface web), à travers quelques exemples de code source et d'interface utilisateur, qui offre une application à chacune des catégories d'utilisateurs (concepteur, chef de projet, membre).

Conclusion Générale

VI.1.Conclusion générale :

Notre travail s'inscrit dans le cadre de la modélisation des procédés logiciels exécutables.

Nous avons dans ce sens, procédé à l'étude des différents concepts de modélisations, et de dresser un état de l'art sur les environnements de développements, et les environnements de génie logiciel centrés procédés logiciels.

Notre choix s'est porté sur les réseaux de pétri comme outil de modélisation. Ce choix est dédié par son formalisme qui est simple et capable de représenter les synchronisations des activités, et sa capacité d'être décrit par un outil mathématique (matrice d'incidence).

L'objectif de notre travail a été donc de concevoir et d'implémenter un environnement de modélisation des procédés logiciels à base de réseaux de pétri. L'interface de notre environnement offre à travers un accès Web dynamique plusieurs fonctionnalités de gestion des modèles (modification, création, mise à jour de modèle, etc.).

Notre outil de modélisation permet à la fois de visualiser le modèle, et d'assurer sa cohérence, guidé par les règles de modélisations. La sauvegarde des modèles dans la base de données permet aux utilisateurs (concepteurs de modèles, chef de projet, membres), de visualiser ou de modifier les modèles, selon leurs profils.

Enfin, notre environnement bien qu'orienté pour la modélisation des procèdes logiciels est un outil ouvert pouvant être utilisé dans plusieurs domaines d'application.

Comme perspectives ultérieures à ce travail, il serait intéressant :

- De modéliser les jetons par des objet.
- D'étoffer l'environnement par des services d'exécution, d'évolution, d'intégration et d'interopérabilité des modèles.
- De permettre l'importation et l'exportation des données XMI (XML metadata interchange) à partir d'autres outils, comme rational rose.

Bibliographies

[1] AC-NET Consortium."The Active Database Management System Manifesto: A Rule Base of ADBMS Features". ACM SIGMOD Record 25:3, September 1996.

[2] [FKN94] A. Finkelstein, J. Kramer ET B. Nuseibeh, editors. *Software Process Modelling and Technology*. John Willey and Son Inc, Research Study Press, Tauton Somerset, England, 1994.

[3] [DF96] JC. Derniame ET A. Fugetta, editors. *Software Process: Principles, Methodology, Technology. In preparation*. J. Wiley and Sons, 1996.

[4] Avrilionis, D., Mécanismes pour l'Evolution et la Réutilisation des processus de Production de Logiciels, Thèse de Doctorat, Université Joseph Fourier, Grenoble I, 1996.

[5] J. Bourgeois, "Ateliers de Génie Logiciel: Etat de l'art et perspectives", Génie Logiciel, No 1, 1985.

[6] S. Humphrey "Key Practices of the Capability Maturity Model". SEI, 1991.

[7] I. Sommerville, "Software Engineering (3rd edition)", Addison-Wesley, Wokingham, 1989.

[8] S. Bandinelli, A. Fuggetta, C. Ghezzi, L. Lavazza " SPADE: An Environment for Software Process Analysis, Design and Enactment ", dans [Promoter 1994], 1994.

[9] Software Process: Principles, Methodology, Technology. J.C. Derniame, A.B. Kaba, D. Wastell (Eds), Springer-Verlag 1999, LNCS 1500, ISBN 3-540-65516-6199

[10] L. Osterweil. "Software Processes are Software Too". In Proc. of the 9th International Conf. on Software Engineering, IEEE Computer Society Press. March 1987

[11] S.M. Sutton, Jr.P.L. Tarr, L.J. Osterweil, "An Analysis of Process Languages", Technical Report 95-78, Computer Science Department, University of Massachussets, 1995.

[12] V. Ambriola, R. Conradi, A. Fuggetta, "Assessing Process-Centred Software Engineering Environments", ACM transactions on Software Engineering and Methodology, Vol. 6, No 3, juillet 1997, pages 283-328.

[13] F. Oquendo, " SCALE: Process Modelling Formalism and Environment Framework for Goal-directed Cooperative Processes ", Proceedings of the Seventh *International Conference on Software Engineering Environments* (SEE'95), Noordwijkerhout, Pays-Bas, avril 1995. IEEE Computer Society Press.

[14] G. Graw, V. Gruhn, "Process Management in-the-many", 4th European Workshop, EWSPT'95, avril 1995.

[15] N.S. Barghouti, B. Krishnamurthy, "An Open Environment for Process Modelling and Enactment", In [Schäfer 1993], pages 33-36.

[16] I.Z. Ben-Shaul, G.E. Kaiser, "Process evolution in the Marvel environment", dans [Schäfer 1993].

[17] Khaled SELLAMI, Mohamed AHMED-NACER " Méta-fédération : une architecture pour l'assemblage d'éléments logiciels " In the International Conference on Web and Information Technologies "ICWIT '08" 29-30 Juin 2008 Sidi Bel Abbes.

[18] Khaled SELLAMI, Mohamed AHMED-NACER, "Modèle d'interopérabilité des fédérations de composants logiciels", EUE : Editions Universitaires Européennes, Sarrebruck, Allemagne. Vol. ISBN 978-613-1-57458-0, Mai 2011. 108p

Une maison d'édition scientifique

vous propose

la publication gratuite

de vos articles, de vos travaux de fin d'études, de vos mémoires de master, de vos thèses ainsi que de vos monographies scientifiques.

Vous êtes l'auteur d'une thèse exigeante sur le plan du contenu comme de la forme et vous êtes intéressé par l'édition rémunérée de vos travaux? Alors envoyez-nous un email avec quelques informations sur vous et vos recherches à: info@editions-ue.com.

Notre service d'édition vous contactera dans les plus brefs délais.

Éditions universitaires européennes est une marque déposée de Südwestdeutscher Verlag für Hochschulschriften GmbH & Co. KG Dudweiler Landstraße 99 66123 Sarrebruck Allemagne

Téléphone : +49 (0) 681 37 20 271-1
Fax : +49 (0) 681 37 20 271-0
Email : info[at]editions-ue.com
www.editions-ue.com

www.ingramcontent.com/pod-product-compliance
Lightning Source LLC
LaVergne TN
LVHW042346060326
832902LV00006B/413